L'ESPRIT

DU MINISTÈRE,

DEPUIS

LE COMMENCEMENT DE LA RÉVOLUTION
JUSQU'A NOS JOURS.

A *pluribus*. . . . .
Disce omnes. . . . . .

A PARIS,

DE L'IMPRIMERIE DE A. BOBÉE,
RUE DE LA TABLETTERIE, N°. 9.

1818.

L'ESPRIT

DU MINISTÈRE.

LA France a long-temps ambitionné le bonheur d'avoir une sage constitution ; elle ambitionne maintenant le bonheur de voir exécuter celle qui lui a été donnée.

Le plus grand obstacle à l'accomplissement de ce vœu, c'est que les hommes revêtus du pouvoir légal sont ceux qui, par la nature même de leurs fonctions, doivent regretter le plus la perte du pouvoir arbitraire.

Sous le régime de la monarchie absolue, les ministres n'étaient pas dans l'obligation d'entretenir le peuple de la chose publique ; nous n'avions pas le droit de raisonner sur ce qui nous regardait, et notre opinion sur les opérations des gouvernans importait peu à ces derniers. Ils ordonnaient, et la nation obéissait à des ordres qu'elle était habituée à croire irrésistibles comme le torrent qui inonde, ou comme la foudre qui consume.

Une grande révolution dans les idées a nécessité une grande révolution dans les choses. Les hommes, rendus enfin à leur dignité, ont été admis à s'imposer eux-mêmes des lois, et à prendre une détermination dans les circonstances qui intéressent leur existence politique. La volonté du prince a cessé de tenir lieu de règle, et les ministres, devenus responsables, ont dû comparaître au tribunal de la nation.

Mais tel est l'attrait du pouvoir, que ceux qui l'exercent voudraient qu'il fût sans bornes, et sont indignés de l'idée qu'un juge les attend. Aussi, les ministres n'ont pu se résoudre qu'à contre-cœur à n'avoir qu'une autorité limitée par la loi.

La nation étant devenue trop forte pour qu'ils entreprissent de la combattre de front, et de la charger de nouveau des chaînes de l'arbitraire, ils ont été contraints de feindre, et ils ont tâché de donner à ces chaînes l'apparence d'un joug légal librement consenti. Se trouvant dans la nécessité d'entretenir le peuple (1) de ce qui le touche, ils l'en ont entretenu ; mais ils ont senti en même temps que le seul moyen qui leur restait pour agir selon leurs vues particulières, était de s'entourer de partisans nombreux, d'influencer l'esprit de ceux qui ont quelque action dans le gouvernement, et de diriger, ou, pour mieux dire, d'égarer l'opinion publique.

Le peuple n'a pas besoin qu'on dirige son opinion ; il sait ce qui lui est bon et ce qui lui est mauvais. Son instruction et l'instinct de son bien-être le servent très-bien à cet égard ; et, dans les grandes questions qui importent à son bonheur, il n'aurait pas besoin, pour prendre le parti qui lui convient le mieux, qu'on lui fît voir les motifs et les conséquences, il suffirait qu'on lui exposât franchement les choses.

Loin de là, comme les prétentions des gouvernans sont en opposition avec les prétentions plus justes des gouvernés, les premiers sacrifiant tout, en leur qualité d'hommes, à leur propre intérêt, se sont constamment appliqués à persuader à la multitude, que ce qui n'est avantageux qu'à eux-mêmes, est indispensable à son bonheur.

---

(1) Par le mot *peuple*, j'entends le plus souvent *représentant* du peuple.

C'est cette tendance continuelle à la ruse, secondée par les moyens propres à en assurer le succès, qui constitue le grand art du ministère.

Il ne sera peut-être pas sans utilité de rapprocher les diverses époques de la révolution française, et de montrer dans toutes les circonstances où il s'est agi des intérêts du peuple, la même dissimulation de la part des agens du pouvoir suprême.

Lors des premiers élans vers la liberté, il y eut de la loyauté dans les hommes qui se trouvèrent à la tête des affaires, parce qu'ils combattaient pour le triomphe de leur propre cause. Tout marcha de concert. Quand il fallut poser les bases du nouvel édifice social, tous les hommes devinrent égaux devant la loi. Quand il fallut protéger cet édifice contre les entreprises du despotisme étranger, on vit s'armer au même instant un million de citoyens.

Bientôt les troubles révolutionnaires enfantèrent les factions. Des chefs de parti, plus entreprenans qu'habiles, se disputèrent l'autorité, et, sous le prétexte d'affermir l'indépendance de tous, ne travaillèrent qu'à assurer leur propre indépendance et l'impunité de leurs crimes.

Enfin la démocratie se dégagea des horreurs dont quelques hommes l'avaient entourée. L'administration prit un cours régulier ; des gens recommandables par leurs talens furent revêtus des charges publiques, et nous espérâmes voir fleurir cette liberté achetée par tant de sacrifices, et en recueillir des fruits qui pussent nous dédommager. Mais l'affermissement du pouvoir, quoique désirable après un long trouble, porte avec lui un poison dont l'effet est toujours funeste. Des magistrats exerçant sans obstacle l'autorité qu'on leur avait confiée, devaient se laisser aller naturellement au désir de l'outrepasser, et déjà les ambitions secrètes se rattachaient à la fortune de cet assassin de la république, qui sut en peu de temps nous ramener à l'antique esclavage.

La république respirait encore. Le directoire, malgré sa tendance à la puissance absolue, était forcé de maintenir la liberté dont on l'avait constitué le protecteur. L'autorité des ministres était encore faible et contrebalancée par la saine partie du corps-législatif ; on invente le ministère de la police (1), et dès-lors cette autorité prend un accroissement rapide. On intrigue, on recrute des partisans ; les projets de loi portant atteinte à la

____

(1) Le 12 nivôse an 4.

liberté individuelle et à la liberté de la pensée se succèdent, et, au bout de deux mois, on voit éclore le système des lois de circonstances pres-qu'aussi brillant qu'il s'est montré de nos jours (1). Le député Louvet, qui, le premier, parla dans le sens du ministère, osait s'exprimer ainsi dans l'assemblée des *cinq-cents* (2) : « En consacrant *va-* » *guement* ce qu'on appelle liberté de la presse, » la constitution (celle de l'an 3) a-t-elle entendu » que tous les délits commis par cette voie reste-» raient impunis ? que la provocation au crime » serait permise ou tolérée ? N'a-t-elle pas voulu, » au contraire, que le législateur, *lorsque les cir-* » *constances l'exigeraient*, pût remettre aux mains » du gouvernement tous les moyens de les *pré-* » *venir*. » Et il s'appuyait sur une fausse interpré-tation d'un article de la constitution (3), qui fut rendu à son vrai sens par les orateurs de l'opi-nion contraire, messieurs Dumolard, Pastoret, Boissy-d'Anglas et autres. On tenta vainement de faire une exception au sujet des journaux et de les mettre sous la surveillance de la police ; après une discussion vive et lumineuse, le projet contre

---

(1) Voyez les séances des 22, 23, 24, 27 et 28 ventôse an 4.

(2) Le 23 ventôse an 4.

(3) L'article 355.

la liberté de la presse en général fut rejeté (1). On se borna à faire une loi, rigoureuse à la vérité, au sujet des cris séditieux et des affiches incendiaires, et à ordonner à cet égard des mesures de police (2).

La liberté individuelle fut aussi compromise. On jugea à propos de gêner les communications avec Paris, d'empêcher les Français de venir dans la capitale de la France, ou de les assujétir à des formalités vexatoires ; et malgré l'opposition de l'estimable Dupont de Nemours, la loi fut adoptée (3).

Alors, comme de nos jours, on tentait par des discours artificieux de faire paraître mille fois plus grands les abus de ce qu'on appelait licence, et d'atténuer les inconvéniens de l'esclavage qu'on appelait sage liberté ; alors on s'efforçait de nous persuader, qu'attaquer les agens du gouvernement, c'était attaquer le gouvernement lui-même. Alors aussi, les vrais amis de la liberté réclamaient l'exécution entière de la constitution qu'on défigurait chaque jour.

---

(1) Le 29 ventôse an 4.

(2) Lois des 27 et 28 germinal an 4.

(3) Le 27 ventôse an 4.

Le ministère ne se tint pas pour battu ; il reproduisit, l'année suivante, son projet favori contre la presse et contre les journaux (1), projet qui fut défendu avec opiniâtreté par ses partisans, mais qui, cependant, fut encore rejeté à l'unanimité (2).

Il fut un moment où, presque certain du succès, on marchait à découvert ; l'un des députés qui abondait dans le sens du ministère, osa dire hautement que le ministre de la police devait suffire pour réprimer les journaux, comme il suffisait pour réprimer les *catins* (3).

A cette même époque, on s'occupait de perfectionner la gendarmerie (4), on portait atteinte à l'institution du jury (5), la liberté individuelle était violée par des arrestations arbitraires, sans jugement subséquent (6) ; on défendait les sociétés particulières s'occupant de politique (7), et les

---

(1) Séance des 9 brumaire, 17 et 21 pluviôse an 5.

(2) Le 21 pluviôse et le 10 floréal an 5.

(3) Séance du 21 pluviôse an 5.

(4) Organisation du 25 pluviôse an 5.

(5) Séances des 4, 5 et 6 vendémiaire an 5.

(6) Voyez les plaintes faites dans les séances des 19 brumaire et 17 pluviôse an 5.

(7) Loi du 7 thermidor an 5.

élections étaient influencées par tous les moyens possibles (1).

C'est sur ce dernier chapitre, principalement, que s'exerçait l'éloquence des ministres. De nombreuses proclamations, de nombreux articles de journaux, indiquaient la classe d'hommes qu'on devait élire. Ce n'était ni les royalistes, ni les républicains, mais bien les partisans aveugles de la puissance établie, ces gens gagnés ou achetés, pour qui aucun parti n'a d'estime, et qu'on a désignés depuis par le nom poli de *ministériels*. Voilà le thême de toutes ces amplifications qui peignaient avec des couleurs odieuses, les uns comme voulant rétablir le trône, les autres comme tâchant de ramener l'anarchie, et qui vantaient les amis du pouvoir actuel, comme les seuls candidats dignes de fixer le choix des électeurs.

Enfin, arriva le 18 fructidor. Soit que les ministres eussent préparé cette journée, soit que l'état fût réellement en danger, un acte de vigueur parut nécessaire. La liberté des personnes et celle des écrits furent violées ouvertement. Le

---

(1) Voyez les séances du 9 brumaire an 5, du 7 floréal an 6, etc., etc.

Le même jour vit de nombreuses proscriptions dans lesquelles furent compris trente-deux journalistes. Leurs presses furent brisées, et une loi mit tous les papiers publics pour un an à la discrétion de la police (1).

On usa amplement de la faculté accordée par cette loi. Un exemple fera connaître l'esprit de répression dans lequel agissait le ministère. Deux journaux furent supprimés du même coup (2); l'un pour avoir blâmé la mention honorable faite au conseil des *cinq-cents*, d'un ouvrage dans lequel on proposait l'institution d'un établissement où seraient élevés les enfans des députés, des directeurs, des ministres, et autres *grands de l'empire*; l'autre pour avoir signalé une révision prochaine du ministère, comme pouvant être funeste à la liberté. « Personne, disait-il, n'ignore l'influence que peut avoir un ministre sur la marche des événemens. » C'était toucher à l'arche sainte.

Les auteurs de ces articles furent poursuivis comme conspirateurs.

____

(1) Loi du 19 fructidor an 5, article 35.
(2) Le 13 frimaire an 6.

La loi en vertu de laquelle on agissait alors, bien qu'elle ne fût relative qu'aux papiers publics, fut très-préjudiciable à la presse en général. Les auteurs d'écrits non périodiques redoutaient l'inquisition ministérielle, et alarmés d'ailleurs par des arrestations arbitraires, ils restaient dans le silence.

L'époque à laquelle devait cesser l'esclavage des journaux arriva. On crut à l'exécution des promesses du gouvernement, et l'on fut trompé. Malgré la noble résistance des défenseurs de la liberté, le ministère et ses adhérens eurent assez d'influence pour faire proroger la loi pour un an (1). Toutes leurs raisons, comme on le pense bien, furent basées sur les *circonstances* et sur la nécessité de *prévenir*, et non de *réprimer* les abus. On nous a tant rebattus depuis de ces raisonnemens, en des circonstances semblables, que nous les savons par cœur.

Indépendamment de ces victoires obtenues sur la liberté de penser et d'écrire, on attaquait vigoureusement la liberté des élections dans les départemens. Elles étaient influencées, non-seulement par des hommes de partis différens,

____

(1) Le 9 fructidor an 6.

mais aussi par le gouvernement, qui, profi-
tant avec grand plaisir de cette mésintelli-
gence qu'il grossissait aux yeux du public, inon-
dait les assemblées électorales de ses agens, et
non content de diriger les choix, les examinait
ensuite, et rendait des lois pour déclarer ceux-ci
bons et maintenus, ceux-là mauvais et reje-
tés (1). On devine aisément quels étaient les
choix approuvés.

Cette manière d'agir devait avoir un effet contraire à celui qu'on en attendait; tous les bons
esprits se roidirent contre ce nouveau despotisme.
On lutta chaque jour contre lui avec quelqu'a-
vantage, et peu s'en fallut qu'on ne remportât
une victoire complète. Les *cinq-cents* se plai-
gnirent hautement de la police qui les entourait
d'espions (2). On protesta contre les entreprises
du directoire sur la liberté des délibérations du
corps législatif (3), et deux Directeurs furent
contraints de donner leur démission. La loi

___

(1) Voir la loi collective du 22 floréal an 7, et une
foule de lois partielles qui l'ont précédée.

(2) Séance du 23 prairial an 7.

(3) Séance du 30 prairial an 7.

contre les journaux devant cesser d'avoir son action, fut annullée (1) malgré les efforts du parti des ministres, qui bataillait pour la faire proroger de nouveau. Enfin, ce qui était peut-être encore plus important, on réduisit de moitié le budjet du ministre de la police (2). Ce fut la première victoire signalée qu'on remporta sur cette puissance ténébreuse, et ce fut la dernière.

Tout annonçait cependant que les choses allaient prendre la tournure la plus désirable, que les sacrifices qu'avait faits la nation ne seraient pas en pure perte, et que les droits des citoyens seraient enfin respectés; mais, l'épée qui avait protégé la république contre les attaques de l'étranger, énorgueillie de sa puissance, en décida autrement; Bonaparte, jugeant que le directoire

---

(1) Le 14 thermidor an 7.

(2) Le budjet du ministre de la police, pour l'an 7, était de 2,212,732 fr., dont 703,732 fr. pour les agens, et 1,200,000 fr. pour les dépenses secrètes.

Le budjet de l'an 8 fut fixé à 1,100,000 fr. seulement, dont 12,000 fr. pour les agens, voitures, chevaux, etc., et 500,000 pour les dépenses secrètes.

Quelle figure feraient ces pauvres petits budjets, près de ceux des années présentes!

avait assez vécu, parut avec quelques grenadiers, et le directoire passa (1).

Sous le consulat, les ministres ne tardèrent pas à s'apercevoir que leurs prétentions devaient se restreindre, mais, que celles qu'ils pourraient conserver seraient désormais d'un exercice bien facile. Aussi, prirent-ils la résolution d'aider de tout leur pouvoir le chef de l'état à en devenir le maître (2).

Le corps législatif, influencé honteusement, parut comme saisi d'un esprit de vertige. Une partie des mêmes hommes qui avaient enseigné au peuple, quelques années auparavant, que le bonheur est dans une liberté sans frein, qui ensuite, avaient profité des désordres pour se créer une influence dans les affaires, semblèrent prendre à tâche, pour flatter la puissance qui les écrasait, de prouver que le bonheur est dans la servitude (3).

____

(1) 18 Brumaire an 8.

(2) Leurs intérêts étaient liés étroitement à ceux de Bonaparte, puisque par l'art. XII de la constitution nouvelle, le premier consul nommait et révoquait *à volonté* les ministres.

(3) Voyez les discours du temps.

A peine le consulat fut-il établi, que l'escla-vage des journaux fut de nouveau décrété (1). La police générale reçut un renfort par la création d'un préfet de police (2). Quelques temps après, on ajouta à toute cette police des commissaires-généraux de police et des directeurs de police (3). Enfin, si l'on pouvait compter les agens secrets qui furent recrutés, on serait épouvanté de la force numérique de cette armée d'espions, dont le licenciement n'affligerait pas la nation.

Les tribunaux ordinaires et les jugemens par jurés, furent trouvés insuffisans et incommodes ; on n'hésita pas à créer des tribunaux spéciaux à l'exemple des anciennes cours prévôtales, qui connurent des délits politiques (4), et qui fonc-tionnèrent avec une rapidité digne d'éloge. Les jurés, en examinant et pesant les délits dans leur conscience, n'eussent pas fait le quart de la be-sogne.

La gendarmerie, cette milice redoutable, non

---

(1) Loi du 27 nivose an 8.

(2) Le 17 ventose an 8.

(3) Le 5 brumaire an 9.

(4) Loi du 18 pluviose an 9, art. 12.

2.

instituée pour faire la guerre à ses concitoyens, n'était pas encore assez nombreuse au gré de ceux qui la faisaient mouvoir. On l'augmenta d'abord pour les départemens de l'ouest (1), et peu de temps après, elle fut réorganisée complètement (2) et portée à 1750 brigades à cheval, et 750 brigades à pied En admettant que chaque brigade ait arrêté, par erreur, un honnête homme chaque année, (on n'accusera pas ce calcul d'exagération), le résultat devait être encore assez louable.

Un grand secret nous fut révélé à cette époque, l'art des conspirations faites par la police. Nous en avons eu depuis de nombreux exemples sans que le fait ait été parfaitement avéré ; mais il ne resta aucun doute sur celle dont il est question, (poudres fournies aux chouans), puisque l'ex-ministre de la police, Duval, en fit lui-même la déclaration devant les tribunaux (3). S'il eût été encore ministre, l'esprit de corps nous aurait sans doute privés de cette importante révélation.

------

(1) Le 29 pluviose an 8.

(2) 12 Thermidor an 9.

(3) Le 22 frimaire an 8.

On se crut vers le même temps dans la nécessité de diriger l'opinion publique au sujet du Prétendant de France. On employa pour cet effet les insinuations secrètes et la voie des journaux. On publia des lettres supposées de Louis XVIII au roi d'Angleterre, faites pour jeter du ridicule sur ses prétentions, et pour inspirer de la défiance et de l'éloignement pour lui (1).

Enfin, les libertés étant pour le moment suffisamment asservies, on n'eut plus à s'occuper que d'affermir le pouvoir absolu. On tâta l'opinion ; on usa des moyens de séduction ordinaires, et le premier consul fut proclamé à vie (2). Tous les ministres firent bien leur devoir, et celui de l'intérieur, entr'autres, écrivit aux préfets (3) *que c'était là le plus grand acte de souveraineté qu'eût jamais exercé une nation.* C'était par ironie.

Le despotisme prospéra. Outre ses droits assurés, il en conquit de nouveaux. Les arrestations

---

(1) Voyez les moniteurs des 26, 28 pluviose an 8, et autres.

(2) Le 14 thermidor an 10.

(3) Le 16 thermidor an 10.

arbitraires qui avaient recommencé, contre le droit des gens, après la pacification de la Vendée, continuèrent ; et l'on pourrait citer un bon nombre de prisonniers, principalement des Vendéens, qui ont été détenus jusqu'en 1814. Leur réclusion importait peu, mais on ne prit pas la peine de les mettre en liberté. Ils restèrent dans leurs cachots, parce qu'ils y avaient été mis.

Il fallut enfin, *pour le bonheur de la France,* transformer en trône le fauteuil du premier consul (1). L'opération était facile. Le ministre de la guerre n'eut pas besoin de presser beaucoup les corps de l'armée, pour qu'ils suppliassent Bonaparte de prendre la couronne. Le ministre de l'intérieur n'eut qu'un mot à écrire aux préfets, qui n'eurent qu'un signe à faire aux maires des communes, et les adresses les plus serviles vinrent en foule se réunir aux pieds de l'idole. La destitution, ou quelque chose de pis, eût été la suite d'un refus. De son côté, le ministre de la police mit un bâillon à ceux qui déploraient hautement la perte de leur liberté. On trouva un membre du corps législatif assez *courageux,* pour faire la motion de conférer au tyran le titre d'Em-

____

(1) 28 Floréal an 12.

pereur héréditaire ; le reste de l'assemblée était préparé, et Carnot eut seul la gloire de s'être opposé au dernier coup qui fut porté à la république.

Nous voici à une époque où il devient difficile de suivre les traces de l'esprit ministériel. Toutes les volontés sont confondues en une. Il ne s'agissait plus pour les ministres de gouverner à l'ombre d'un faible directoire, il fallait plier sans murmure sous la volonté de fer du nouveau chef de l'état. Ils s'y résignèrent d'assez bonne grace.

Notre tâche se bornera donc, pour quelques années, à suivre progressivement la marche de la tyrannie. Les ministres, débarrassés par Bonaparte de leur responsabilité envers la nation, comblés de dignités, gorgés de richesses, travaillaient pour eux-mêmes en même temps qu'ils travaillaient pour lui. La gloire de nos armes permettait peu alors de s'occuper à fronder le système intérieur, et chaque citoyen se sentait porté à pardonner l'esclavage qu'on faisait peser sur sa tête, en considération de la splendeur dont la France brillait au-dehors. Mais les revers sont venus, et on a détesté le crime de ces partisans effrénés du despotisme impérial, qui, en leur qualité de Français, devaient prendre les intérêts de leurs frères, et qui, loin de là, se sont efforcés constamment de leur persuader que ce qui devait un jour leur être si funeste, ne pouvait que les rendre heureux à jamais.

Les premières hostilités de l'*Impérialat* contre ces libertés, dont la perte n'était déjà que trop assurée, furent la prorogation des tribunaux spéciaux (1), et le rétablissement distinct du ministère de la police générale (2), dont l'action n'était plus aussi directe et aussi étendue depuis sa réunion au ministère de la justice. Cette réunion avait eu lieu deux ans auparavant (3) par des motifs purement personnels.

La nouvelle constitution, sous une apparence de libéralité, avait consommé l'asservissement des individus comme celui des pensées. Une commission sénatoriale avait été chargée de prendre connaissance, *sur la communication des ministres*, des arrestations effectuées, lorsqu'il n'y aurait pas eu dans les dix jours traduction devant les tribunaux (4). Devait-on s'attendre à ce que les

---

(1) 18 Prairial an 12.
(2) 21 Messidor an 12.
(3) 28 Fructidor an 10.
(4) Sénatus-consulte organique.

ministres allassent au sénat se déclarer coupables d'actes arbitraires, et les plaintes que les opprimés ont pu former, d'après la faculté qui leur était accordée, ont-elles jamais prévalu contre leurs oppresseurs? Je puis être dans l'erreur, mais je crois que cette commission ne s'est pas occupée une seule fois d'un détenu ; cependant, je ne l'affirmerai pas, tant le fait me paraît merveilleux.

Une autre commission avait été chargée de veiller à ce que les écrits non périodiques n'éprouvassent point d'empêchemens pour leur publication, lorsque ces empêchemens ne seraient pas justifiés par l'intérêt de l'état. On voit combien cette dernière phrase laissait de latitude, et on sait de quelle manière on en a fait usage.

Quant aux journaux, ils étaient restés sous l'influence de la police. Dès lors, les ministres n'eurent plus à combattre cette liberté qui leur portait ombrage. Il leur suffisait de maintenir les actes qui l'avaient détruite, et par ce moyen de l'empêcher de renaître. Le gouvernement, devenu tout-à-fait militaire, leur prêtait d'ailleurs un surcroit de force, et jamais nos chaînes ne furent mieux rivées.

Le succès de nos armes croissant, Bonaparte

met sur sa tête la couronne d'Italie. Cet acte éclaire tous les esprits, sur la soif de conquérir dont il est tourmenté; mais le ministre des relations extérieures se hâte de rassurer le peuple à cet égard, par des discours fallacieux. Le président du sénat et le président du tribunat suivent son exemple, et tous s'efforcent de prouver que tout est pour le mieux dans le meilleur des empires possibles (1)

Aussitôt se préparent ces entreprises gigantesques qui ont causé la ruine de la France. Un orateur du conseil d'état, fameux par son dévouement abject, déclare que « ce que la France a fait, elle peut le faire encore pendant 30 ans; que « dix ans de guerre n'augmenteront pas la dette publique; « qu'il n'existe contre la France aucune coalition menaçante ou possible. » Il traite l'empereur de *maître de tous les empires* (2).

Peu de jours après, paraît le système continental (3), grande conception, dont le vice est de

---

(1) Séances des 2 et 6 germinal an 13.
(2) Séance du 15 pluviose an 13.
(3) Séance du 19 pluviose an 13.

n'avoir pas réussi ; peut-être, de n'avoir pu réussir.

Les membres du gouvernement, au lieu de regretter la perte de leur influence, paraissent s'en applaudir, et le président du sénat déclare à la fin de la session (1), que « c'est pour l'intérêt » de la patrie, que jusqu'à ce moment, il a fallu » donner à l'autorité plutôt des appuis que des » contre-poids ».

Tout ressent l'atteinte du pouvoir despotique. Il n'est pas jusqu'à la garde nationale qui ne reçoive une nouvelle organisation, afin que les officiers soient nommés par Bonaparte (2).

Le contingent de la conscription (3) est plus que doublé, et levé sans le concours du corps législatif, en vertu d'un sénatus-consulte. C'est ici que commence l'usage abusif et odieux de la conscription. Les vues du chef de l'état sont merveilleusement secondées par tout ce qui l'entoure. Le ministre de la justice donne aux procureurs

____

(1) Celle de l'an 13.

(2) Décrets des 4 complémentaire an 13, et 2 vendémiaire an 14.

(3) Celle de l'an 14.

impériaux des instructions (1) où il n'est question que de rigueur, d'inflexibilité envers les conscrits réfractaires ou retardataires; et le ministre de l'intérieur écrit aux préfets, que « c'est en hâtant » la marche de la conscription qu'ils acquèreront » des droits à la bienveillance de l'empereur (2).

Une institution républicaine, le tribunat, subsistait encore. Quoiqu'il n'eût aucune action, on s'apperçut qu'il contrastait avec les institutions monarchiques, et il ne tarda pas à être supprimé (3).

Dès long-temps, le corps législatif n'était plus qu'une réunion passive d'hommes dévoués au tyran. Leur nullité devient encore plus remarquable; les séances n'offrent plus aucun intérêt, parce qu'on n'y discute rien; l'orateur du gouvernement est introduit, il lit un projet de loi, prononce un discours pour en montrer, ou plutôt pour en cacher les motifs; quand il a cessé de parler, on vote, et la loi est adoptée. Plus tard, on abrégea encore la méthode, et ce qui devait faire la matière d'une loi, ne fut plus l'objet que d'un simple décret.

____

(1) Lettres du 3 vendémiaire an 14.
(2) Lettres du 1.er vendémiaire an 14.
(3) Le 19 août 1807.

C'est avec cette facilité que furent adoptées des dispositions qui non-seulement auraient dû exciter de graves discussions, mais qui auraient dû être rejetées à l'unamité, telles que la nouvelle législation sur l'imprimerie, la librairie, les peines à encourir, etc. (1,; l'établissement et le régime des prisons d'état (2), la réorganisation de la police générale (3), etc. etc.

Les ministres, ainsi que je l'ai dit plus haut, ne trouvaient plus aucune opposition dans le corps législatif, et tout ce qu'ils présentaient était reçu sans difficulté ; leurs ordres légaux ou arbitraires étaient exécutés sans le moindre empêchement, et ils ne rendaient compte de leur conduite qu'au maître qui les avait dressés. Leur tâche se bornait donc à travailler l'esprit public, à faire en sorte qu'on trouvât bon tout ce que faisait le gouvernement, et à comprimer l'indignation, lorsqu'elle menaçait d'éclater. Les insinuations secrètes des agens répandus sur toute la surface de la France, les journaux vendus à l'autorité, et les discours d'apparat, dans les grandes occasions, étaient les moyens mis en

____

(1) 5 Février 1810.
(2) 18 Mars 1810.
(3) 25 Mars 1811.

usage pour arriver au premier but; pour atteindre le second, on avait recours à l'emprisonnement, moyen le plus efficace, après la strangulation, pour empêcher un homme de mettre obstacle aux volontés des tyrans.

C'est à travers ce mélange extraordinaire de grandeur et d'abaissement, de triomphes et de revers, que la France arriva à l'époque mémorable de 1814. Le despotisme tomba et nous entraîna dans sa chute.

Un roi constitutionel voulant l'exécution de la constitution, vient relever nos espérances ; nos armes, pour avoir perdu de leur éclat, ne sont pas déshonorées, et nous allons ajouter à la gloire militaire la gloire plus désirable d'une sage législation.

Mais les ministres qui s'accommodent mieux du régime despotique que du régime constitutionnel, s'apprêtent déjà à mettre obstacle aux intentions du monarque. Les libertés consacrées par la Charte les offusquent, et deux mois sont à peine écoulés, que la lutte entre le pouvoir ministériel et la nation recommence.

Je crois devoir appeler l'attention du lecteur sur la singulière ressemblance des faits déjà décrits , avec ceux qui me restent à décrire. Je le prie de croire que je ne me répète pas , mais que ce sont les faits qui se répètent.

La session de 1814 venait de s'ouvrir; les lois anciennes , contre la liberté de la presse , avaient été provisoirement maintenues par une ordonnance (1). Un député se plaint de ce qu'un écrit, portant son nom et sa qualité , vient d'être saisi par la police; il demande l'exécution de la Charte en ce qui concerne le droit de publier la pensée, et insiste surtout sur l'abolition de la censure préalable (2). Sa motion est ajournée.

L'influence ministérielle qui n'avait pas encore eu lieu de se manifester , saisit cette occasion , et peu de jours après (3) , un orateur , parlant contre la motion qui avait eu lieu, proposa hardiment des mesures propres à détruire la liberté de la presse. On retrouve avec étonnement, dans son discours et dans ceux des orateurs qui l'ont suivi , les mêmes idées , les mêmes moyens oratoires dont se servait en l'an 4 le député Louvet , qui remplissait alors un semblable

---

(1) Ordonnance du 10 juin 1814.
(2) Séance du 30 juin 1814.
(3) Le 4 juillet 1814.

rôle (1). Cet étonnement cesse quand on fait ré-
flexion que les individus changent, mais que
l'esprit ne change pas.

---

(1) On sera peut-être curieux de voir jusqu'à quel point
se ressemblent des discours prononcés à des époques si dif-
férentes, ce qui prouve que les circonstances n'ont été
jusqu'ici qu'un prétexte, et que le vrai motif n'est pas celui qu'on a mis en avant.

Le code pénal, à l'égard des délits de la presse, est insuffisant. . . . .
. . . .
. . . .
. . . .

En des temps ordinaires, on peut se borner à punir le crime, il faut dans les jours de péril empêcher qu'il ne se commette. . . . . . .
. . . .
. . . .
. . . .
. . . .

Les circonstances ne per-
mettent-elles pas de porter une loi essentiellement provi-
soire, prohibitive de la li-

Se contentera-t-on, pour les délits de la presse, de suivre les dispositions du code pénal. Les peines sont sans contredit beaucoup trop faibles ? . . . .

Se bornera-t-on à faire des lois qui punissent le crime, ou en fera-t-on qui le pré-
viennent ? . . . . . .

Ne vaut-il pas mieux créer une loi qui empêche le mal, que de le laisser faire pour le punir après ? . . . . .

La liberté de la presse est une question sur laquelle on n'a jusqu'à présent, en France, adopté d'autres mesures que

Le lendemain (1), les ministres satisfaits d'avoir été précédés d'un jour, et ne voulant pas perdre un temps précieux, arrivent avec leur

---

berté de la presse ? . . .
. . . .

Encore, si nous étions dans des temps de force et de repos !

Des circonstances périlleuses ne nous environnent-elles pas . . . .

N'y a-t-il pas aussi la liberté du canon, du fusil, de la bayonnette ! Si un soldat abusait de sa bayonnette, ne prendriez-vous pas des mesures pour prévenir cet abus à l'avenir. . . . .

Louvet, 12 ventose an 4.

etc.

celles dictées par les circonstances. . . . .

Nous sortons d'une longue révolution. La France a besoin de repos. Sommes-nous arrivés au moment où on peut laisser tout dire impunément.

F.... 4 juillet 1814.

On doit arrêter le poignard de l'assassin, la coupe de l'empoisonneur, la torche de l'incendiaire, et il ne sera pas permis de prévenir la publication d'un écrit coupable ?

. . . .

Fl.... 6 août 1814.

etc.

Avec plus de patience, il eût été facile de rapprocher un grand nombre de passages dont la similitude est également frappante. Une chose non moins remarquable, c'est que de même qu'en l'an 4, on cherchait à interprêter, d'une manière inconstitutionnelle, l'art. 355 de la constitution, on s'efforçait en 1814 d'interpréter, dans le même sens, l'art. 8 de la Charte.

(1) Le 5 juillet 1814.

projet de loi, établissant pour trois ans au moins la censure préalable des ouvrages au-dessous de trente feuilles, et l'esclavage des journaux; le tout motivé sur les circonstances.

La commission se déclare formellement contre le projet (1). Aussitôt des discussions non-officielles circulent dans le public pour influencer l'opinion et pour faire goûter les intentions du ministère. Le moniteur, surtout, publie de longs articles non signés, ayant pour but d'improuver et de réfuter le rapport fait par la commission (2). Plusieurs orateurs prennent ensuite la défense de la loi proposée ; mais la majorité n'étant pas encore ministérielle, les avis se partagent de telle manière, que les orateurs se trouvent douze contre douze, exemple unique dans une assemblée législative, où l'un des partis l'emporte ordinairement de beaucoup sur les autres. Le ministère, forcé de faire quelques concessions, présente des amendemens. La commission, ferme dans ses principes, en propose également le rejet. Les cœurs étaient remplis d'espérance, mais, le ministère, sûr de son fait, nous attendait aux

____

(1) Le 1.er août 1814.

(2) Moniteurs des 4, 5 et 7 août 1814.

votes. Le renfort, qu'il espérait trouver parmi les députés muets, ne lui manqua pas, et la loi fut adoptée (1). Après avoir subi de nouveaux amendemens indiqués par la chambre des pairs (2), elle obtint la sanction du Roi (3).

Un objet non moins important, qui devait fixer l'attention de la chambre, était la responsabilité des ministres. Un orateur présenta un projet de loi à cet effet (4). C'était à merveille, mais il n'en fut plus question.

La nation inquiétée par quelques faits particuliers, au sujet du maintien de la vente des biens nationaux, mais ayant cependant confiance dans la parole du monarque, sentit augmenter ses craintes lorsqu'on agita la question de rendre aux émigrés les biens non vendus. Elle dut craindre en effet, puisque la chambre ne crut pouvoir se dispenser de blâmer le ministre d'état qui présenta le projet de loi, et que la commission déclara par l'organe de son rapporteur, que ce ministre avait outrepassé les intentions du Roi,

---

(1) Le 11 août 1814.

(2) Le 3 septembre 1814

(3) Le 21 octobre 1814.

(4) Séance du 26 août 1814.

consacrées par la Charte (1). La loi passa cependant avec quelques amendemens (2).

Ce furent là les opérations les plus importantes de la session, relativement aux libertés publiques. D'augustes aveux, faits dans des circonstances malheureuses, permettent de dire que la nation n'avait pas à s'en louer.

L'usurpation de 1815 eut pour premier effet de replacer la France sous le joug de l'arbitraire, et de rétablir le despotisme militaire sur son ancien pied. Il est inutile de détailler les actes par lesquels tous les droits furent violés, et il suffit de se rappeler en masse cette triste parodie du gouvernement impérial. Quelles suites cruelles ont eues ces jours trop mémorables, et dans quels écueils fûmes-nous jetés par la force des choses après le retour du Roi!

Un parti dont on avait presqu'ignoré l'existence en 1814, parce qu'il n'avait pu développer toute son influence, parut avec de nouvelles forces en 1815. Les *ultrà royalistes*, tirant avantage des maux dont la France était accablée, et qui, disaient-ils, lui eussent été épargnés si le Roi avait voulu régner selon leurs maximes,

____

(1) Séance du 18 octobre 1814.

(2) Le 3 novembre 1814.

essayèrent de conquérir le pouvoir et de donner au gouvernement la direction qui leur convenait.

Le ministère étourdi d'abord, ne sut avec qui marcher. Il s'apperçut pourtant que les *ultrà royalistes* étaient plus à craindre pour lui que les libéraux ; c'était une forte raison pour se ranger du côté des derniers ; mais son orgueil et le sentiment de ses propres forces, lui firent prendre une résolution toute différente, celle de marcher tout seul et d'écraser les deux partis. Trois ans de tentatives infructueuses ont pu enseigner aux ministres que ce n'était pas là la meilleure détermination qu'ils pussent prendre.

Assurément, rien n'était plus propre à ramener les esprits à la tranquilité, que de maintenir strictement la Charte. On eût vu dans cette conduite celle d'un gouvernement fort, qui ne s'alarme pas de l'exaltation qui existe nécessairement dans la plupart des têtes au moment des secousses révolutionnaires, et qui, d'ailleurs, peut faire usage des lois établies pour punir les délits s'il s'en commet. Que n'a-t-on suivi cette marche si naturelle !

Une ordonnance du Roi, rendue peu de jours après son retour (1), avait donné quel-

____

(1) 20 Juillet 1815.

qu'espoir aux libéraux en modifiant la loi du 21 octobre 1814, relativement à la surveillance que devaient exercer les préfets sur la publication des ouvrages au-dessous de vingt feuilles ; les mesures prises aussitôt après, firent non-seulement oublier celle-ci, mais nous reportèrent à des temps de misères qu'on semblait prendre à tâche de rappeler. En suivant pas à pas les entreprises du pouvoir exécutif contre la charte, on croit voir renouveler les attaques victorieuses de ce même pouvoir contre la constitution de l'an 3.

Les élections devaient premièrement fixer l'attention du gouvernement. Les préfets furent en conséquence autorisés à ajouter vingt membres à chaque collège électoral, dix pris parmi les plus imposés, et dix parmi ceux qui avaient *rendu des services à l'état* (1). Ensuite il fallut désigner les présidens des collèges électoraux ; on vit figurer parmi eux des princes de la famille royale, et des pairs du royaume (2). L'influence que devaient exercer de tels présidens, était facile à prévoir, mais alors, le ministère n'avait pas encore songé sérieusement à se garantir des *ultrà*.

La raison d'état paraissant exiger le sacrifice de quelques personnes qui avaient marqué dans

---

(1) Ordonnance du 21 juillet 1815.
(2) Ordonnance du 26 juillet 1815.

les derniers événemens , il fut dressé des listes de bannissement et de traduction en conseil de guerre (1).

La fidélité des journaux n'étant pas jugée suffisamment garantie, toutes les autorisations furent révoquées ; il en fut donné de nouvelles, et en outre, une commission nommée sur la présentation du ministre de la police, fut créée pour examiner les ouvrages périodiques (2).

Des objets plus importans encore allaient occuper la chambre des députés, et le ministère lui fournit de fréquentes occasions de déployer un zèle exagéré, nouvelle calamité dont la France eut à gémir.

A peine la chambre était formée, qu'on lui présenta un projet de loi temporaire contre les propos, les écrits, les cris séditieux, etc. (3).

Deux jours après (4) , autre projet ayant pour but des mesures de sûreté générale, et donnant la faculté de tenir en arrestation, sans jugement, les prévenus de délits séditieux, jusqu'à ce que la loi nouvelle ait été abrogée.

-----

(1) Ordonnances du 24 juillet 1815.
(2) Ordonnance du 8 août 1815.
(3) Le 16 octobre 1815.
(4) Le 18 octobre *id.*

Un mois après, autre projet pour le rétablissement momentané des juridictions prévôtales(1).

Les ministres furent peut-être encore plus surpris que la nation, de la chaleur avec laquelle les députés entrèrent dans leurs vues ; ils eurent peut-être aussi, dès cet instant, une arrière pensée, mais ils commencèrent par profiter des bonnes dispositions qu'on leur montrait, afin de faire passer leurs projets de lois.

Lorsqu'il s'agit de les discuter, il y eut à peine une ombre d'opposition. Deux ou trois orateurs, fidèles à leur caractère, s'élevèrent contre ce système de lois d'exception, mais ils furent accueillis défavorablement par leurs honorables collègues. Plusieurs ministres prirent la peine de plaider eux-mêmes pour leurs projets, qui, en définitif, passèrent à une grande majorité, et furent sanctionnés par le Roi (2).

Dans le cours des discussions, quelques orateurs se crurent obligés d'enchérir sur les peines énoncées dans le texte qui leur était soumis. L'un d'eux partant de ce principe, avança « que la chambre devait se tenir en garde contre la clé-

____

(1) Le 17 novembre *id.*

(2) Lois des 29 octobre, 9 novembre et 20 décembre 1815.

mence du Roi ». (1) Un autre, non content des mesures proposées, osa faire la motion d'organiser la dénonciation publique (2). On ne trouve pas de mots pour exprimer l'indignation qu'on éprouve, en songeant que de telles propositions étaient faites par des mandataires du peuple.

Nous eûmes la triste consolation de voir un membre de la chambre des pairs, illustre par lui-même, et non par ses ayeux, partager la douleur publique et s'élever par la voie de l'impression contre le projet de loi du 18 octobre, qu'il compara à l'odieuse *loi des suspects* (3). Quelques-uns de ses collègues le blâmèrent, mais ne lui prouvèrent pas qu'il eût tort.

L'œuvre de cette session mémorable fut couronnée par une loi d'amnistie (4) qui pardonna, pour ainsi dire, à tous ceux qui n'étaient point coupables.

La nation, mécontente du présent et inquiète de l'avenir, attendait avec anxiété l'ouverture de la session de 1816, lorsque l'ordonnance royale du 5 septembre, prononçant la dissolution de la chambre, et ordonnant de nouvelles élec-

---

(1) Séance du 27 octobre 1815.
(2) Séance du 28 *id.*   *id.*
(3) Séance du 27 octobre 1815.
(4) Loi du 12 janvier 1816.

tions, vint ranimer nos espérances presqu'éteintes. Les présidens des collèges électoraux furent aussitôt nommés, et on ne manqua pas de remarquer qu'aucun prince, aucun pair, ne figuraient parmi eux. Toutefois, malgré les améliorations que nous étions fondés à espérer, nos joies ne furent qu'imparfaites. Il fut facile de voir dès le commencement de la session, que si la chambre était débarrassée en partie des *ultrà royalistes*, elle ne l'était pas des ministériels.

Les grandes questions de liberté qui occupent tous les esprits, furent agitées de nouveau, et de nouveau, résolues dans le sens des ministres. En revoyant les lois de la session dernière, quelques concessions parurent indispensables, mais celles qu'on arracha au ministère furent si faibles, qu'on ne put raisonnablement s'en applaudir comme d'une victoire, et si l'on excepte la loi des élections (1), cette session n'a rien produit qui mérite de grands éloges.

La loi du 29 octobre, sur la liberté individuelle, ou plutôt sur l'esclavage individuel, fut annullée, mais remplacée par une autre (2) presqu'aussi peu satisfaisante; les journaux et

____

(1) Loi du 5 février 1817.

(2) Loi du 12 *id. id.*

écrits périodiques furent encore maintenus dans la servitude (1). Les ouvrages non périodiques, sujets à la saisie en vertu de la loi du 21 octobre 1814, furent l'objet de quelques dispositions, au moyen desquelles la saisie peut être attaquée (2), mais il est tout simple aussi qu'elle peut être maintenue. Les deux premières de ces lois furent encore établies temporairement, et comme devant cesser de plein droit au 1er. janvier 1818.

Ces résultats prouvent clairement que le parti ministériel gagna plus à l'ordonnance du 5 septembre, que le parti national, je veux dire les libéraux, qui eurent à lutter contre un antagoniste devenu plus fort par l'affaiblissement des *ultrà*.

La session suivante a donné lieu de louer les ministres sur plusieurs points ; mais on n'a pas fait attention, ou bien on a feint de ne pas remarquer, que les dispositions louables qu'ils ont fait adopter n'ont pas un rapport bien direct avec les libertés pour lesquelles la nation combat sans cesse. Assurément la loi sur le recrutement et sur l'avancement militaire (3) mérite

---

(1) Loi du 28 février 1817.
(2) Autre du 28 *id. id.*
(3) 10 Mars 1818.

des éloges, mais en peut-on dire autant de celle qui a prorogé de nouveau l'asservissement des journaux et des écrits périodiques (1)? En peut-on dire autant de ce projet de loi définitif sur la presse, qui heureusement n'a point passé dans les deux chambres, et qui a donné lieu à des conjectures très-différentes, aussi peu honorables l'une que l'autre pour le ministère? En effet, s'il a présenté un projet illusoire avec l'intention de le faire adopter, on ne le lui pardonnera pas; s'il l'a présenté tel afin qu'il fût rejeté, et que les choses demeurassent sur leur ancien pied, le tour est cent fois plus perfide, et on n'en perdra pas facilement le souvenir.

A tout prendre, les ministres se sont montrés moins éloignés de la Charte depuis l'ordonnance du 5 septembre. Il est vrai qu'ils ont reçu un certain lustre par la comparaison qu'on a faite de leur conduite avec celle des *ultrà*, dont les menées odieuses ont excité l'indignation et le mépris de l'Europe entière. Je ne sais jusqu'à quel point on doit leur savoir gré de la guerre qu'ils ont faite à ces énergumènes qu'ils étaient personnellement intéressés à abattre; toutefois, ils ont en cela servi la nation. Les auteurs

____

(1) 30 Décembre 1817.

de la fameuse note secrète , et d'autres concep-
tions semblables , peuvent désormais poursuivre
leur carrière sans qu'on en soit fort inquiété ; le
fruit qu'ils retireront de leur conduite sera d'être
hués dans les rues (1). Fasse le ciel que nous
n'ayons plus à combattre d'autre parti que celui
des *ultrà*! fasse le ciel aussi que les ministres, après

---

(1) La devise des ultrà , *le Roi* , *la Charte et les honnêtes gens* , donne matière à réfléchir , et fait , ce me
semble , remarquer de singulières contradictions. En jugeant d'après les faits , il est probable que ce parti ne
veut ni du Roi Louis XVIII , ni de la Charte qu'il nous
a donnée ; et quant au dernier article , il est sûr qu'il
veut , non pas *d'honnêtes gens* (ce qui convient à tout
le monde) , mais *certains honnêtes gens* , cachés dans
ses rangs , et qui font modestement entr'eux la répar-
tition des ministères. Selon un vieux proverbe , il y a
d'honnêtes gens partout ; un *ultrà* peut seul n'en pas
convenir , et ce serait folie que de vouloir le persuader.
En effet , le moyen d'être honnête homme , quand on
désire que les ennemis s'en aillent , et que le régime
féodal ne revienne pas ?

En somme totale , la devise adoptée par ces tartufes
politiques , avec le léger changement que j'ai indiqué ,
convient à toute la France , eux seuls exceptés. J'oserai
conséquemment leur en proposer une plus conforme à
leur pensée : *ni le Roi, ni la Charte, mais les ultrà.* Du
moins , on ne les accuserait pas d'inconséquence , et ils
auraient la gloire de combattre à découvert.

s'être réunis aux constitutionnels pour écraser l'ennemi commun, se convertissent tout-à-fait aux principes de la Charte ; qu'ils ferment leur table et leurs bureaux aux députés entachés de ministérialisme, et qu'ils cessent d'en attirer de nouveaux dans cette voie de corruption et de déshonneur. Alors, seulement nous pourrons espérer de voir finir, entre le pouvoir législatif et le pouvoir exécutif, cette lutte malheureuse dont l'effet nécessaire est de tenir l'état dans un péril continuel.

J'ai dû m'abstenir dans le courant de cet ouvrage, de toute dissertation tendant à faire ressortir l'idée première et à en démontrer la justesse. Les faits parlent eux-mêmes, et le résultat vient s'offrir à l'esprit du lecteur le moins attentif. La pensée secrète des ministres se manifeste dans tous les actes que j'ai cités ; toujours la même tension vers le pouvoir arbitraire, et les mêmes moyens pour y parvenir. Ce plan constamment suivi est digne de remarque, et ce qui est plus remarquable encore, c'est que des entreprises sur lesquelles on savait à quoi s'en tenir, aient été couronnées de succès chaque fois qu'elles ont été renouvelées. Cette observation, si elle n'est pas d'une grande utilité, prouve du moins l'extrême influence qu'a le pouvoir exécutif, quelque soient les bornes dans lesquelles on cherche à le restreindre.

On a fait au ministère, créé lors de la restauration, *l'honneur* de croire qu'il avait inventé le système des lois d'exception, des mesures de circonstances, des remèdes spéciaux appropriés à l'état momentané des choses; c'est une erreur. Il est facile de se convaincre que depuis notre sortie du chaos révolutionnaire, chaque fois qu'il s'est agi de l'exécution des constitutions, les ministres ont montré la même ardeur à détruire les libertés qui en sont la base. Seulement, ce système d'attaque à dû aller se perfectionnant jusqu'à nos jours; c'est la marche ordinaire de l'esprit humain.

Le gouvernement constitutionnel, a-t-on dit, n'a pas été inventé pour le repos des ministres. Ils l'ont parfaitement senti dès le principe, et ils ont employé toutes leurs forces à tâcher de rendre ce pacte illusoire; on peut prendre dans la nature des choses l'assurance qu'ils chercheront toujours à suivre la même ligne.

Je crois très-inutile de récapituler les argumens plus ou moins victorieux dont on s'est servi depuis vingt-cinq ans contre les ministres. Irai-je aussi leur donner des conseils, et leur marquer le chemin qu'ils doivent suivre ? Eh ! plût au ciel qu'ils eussent besoin d'avis... Au surplus, des

orateurs habiles, dévoués à la patrie, se sont il-
lustrés dans cette noble carrière, et leurs discours
sont gravés dans tous les cœurs généreux. Ils se
sont efforcés surtout de défendre cette précieuse
liberté de la presse, clef de la voûte constitution-
nelle qu'on voudrait voir s'écrouler. C'est pour
elle qu'ils ont combattu avec le plus de courage,
et en même temps avec le moins de succès. En
redisant leurs paroles, en me traînant sur leurs
traces, je ne ferais rien qui pût hâter le triomphe
de la cause nationale, et d'ailleurs la question
est depuis long-temps résolue dans l'opinion ; il
ne s'agit plus que du fait.

Ne nous berçons pas de vaines espérances. La
perfection n'est point le partage de l'homme, et
c'est folie que d'espérer voir un jour les déposi-
taires du pouvoir faire entière abnégation d'eux-
mêmes, et n'ayant en vue que l'intérêt public,
exécuter dans leur vrai sens les lois libérales qu'on
ne peut désormais refuser aux peuples. Ecoutons,
sur cette matière, un philosophe dont les vues
en politique sont presque toujours d'une justesse
désolante (1) :

« Les vices qui rendent nécessaires les institu-
» tions sociales, sont les mêmes qui en rendent

------

(1) J.-J. Rousseau. Discours sur l'origine de l'inégalité.

» l'abus inévitable. . . . .
. . . .

« Les lois, en général, moins fortes que les pas-
» sions, contiennent les hommes sans les chan-
» ger. Il serait aisé de prouver que tout gouver-
» nement qui, sans se corrompre ni s'altérer,
» marcherait toujours exactement selon la fin de
» son institution, aurait été institué sans néces-
» sité ; et qu'un pays où personne n'éluderait les
» lois et n'abuserait pas de la magistrature, n'au-
» rait besoin ni de magistrats ni de lois. »
Gardons-nous cependant de renoncer pour
cette raison aux droits que la Charte nous a re-
connus. Il dépend de nous que leur perte ne soit
pas irréparable ; et ne devons-nous pas, d'ailleurs, être encouragés par tout ce que nous
avons reconquis depuis 1815 ? Certes, on ne sau-
rait nier l'avantage de l'époque actuelle, en com-
parant la mesure de liberté publique dont nous
jouissons avec celle des temps plus reculés. L'exacte
justice commande cet aveu, et la sagesse qui en
est inséparable n'approuve pas toujours les décla-
mations d'un zèle trop ardent. Que demandez-
vous donc ? pourra dire un ministériel ; n'est-ce
rien que cette mesure de liberté que vous recon-
naissez devoir aux ministres ? Je répondrai que
c'est beaucoup, mais que ce n'est pas assez, et
que nous sommes encore loin d'être en possession

de tous nos droits ; et tout en reconnaissant ce qui est à la louange du ministère, je ne cesserai de répéter : N'ayons confiance que dans les lois, et méfions-nous éternellement de ceux qui les exécutent. Qu'une opposition constante et vigoureuse soit toujours prête à lutter contre les entreprises inconstitutionnelles. Si elle ne les fait échouer, du moins elle en atténuera les effets. La force de l'opinion qu'on cherche vainement à révoquer en doute, contraint même les rois à reculer devant elle, et c'est à son influence toujours croissante que nous devrons le maintien et l'exécution de la Charte qui a consacré nos libertés.